BEI GRIN MACHT SICH IHR WISSEN BEZAHLT

- Wir veröffentlichen Ihre Hausarbeit, Bachelor- und Masterarbeit

- Ihr eigenes eBook und Buch - weltweit in allen wichtigen Shops

- Verdienen Sie an jedem Verkauf

Jetzt bei www.GRIN.com hochladen und kostenlos publizieren

Bibliografische Information der Deutschen Nationalbibliothek:

Die Deutsche Bibliothek verzeichnet diese Publikation in der Deutschen Nationalbibliografie; detaillierte bibliografische Daten sind im Internet über http://dnb.d-nb.de/ abrufbar.

Dieses Werk sowie alle darin enthaltenen einzelnen Beiträge und Abbildungen sind urheberrechtlich geschützt. Jede Verwertung, die nicht ausdrücklich vom Urheberrechtsschutz zugelassen ist, bedarf der vorherigen Zustimmung des Verlages. Das gilt insbesondere für Vervielfältigungen, Bearbeitungen, Übersetzungen, Mikroverfilmungen, Auswertungen durch Datenbanken und für die Einspeicherung und Verarbeitung in elektronische Systeme. Alle Rechte, auch die des auszugsweisen Nachdrucks, der fotomechanischen Wiedergabe (einschließlich Mikrokopie) sowie der Auswertung durch Datenbanken oder ähnliche Einrichtungen, vorbehalten.

Impressum:

Copyright © 2018 GRIN Verlag
Druck und Bindung: Books on Demand GmbH, Norderstedt Germany
ISBN: 9783668759251

Dieses Buch bei GRIN:

https://www.grin.com/document/432178

Miriam Walchshäusl

Fragebogentechnik, deskriptive und interferenzstatistische SPSS-Analyse

GRIN Verlag

GRIN - Your knowledge has value

Der GRIN Verlag publiziert seit 1998 wissenschaftliche Arbeiten von Studenten, Hochschullehrern und anderen Akademikern als eBook und gedrucktes Buch. Die Verlagswebsite www.grin.com ist die ideale Plattform zur Veröffentlichung von Hausarbeiten, Abschlussarbeiten, wissenschaftlichen Aufsätzen, Dissertationen und Fachbüchern.

Besuchen Sie uns im Internet:

http://www.grin.com/

http://www.facebook.com/grincom

http://www.twitter.com/grin_com

Einsendeaufgabe

Fragebogentechnik, deskriptive und interferenzstatistische SPSS-Analyse

(Aufgabe B)

Abgegeben am 04.06.2018 im Prüfungssekretariat

SRH Fernhochschule Riedlingen

Modul: Wissenschaftliches Arbeiten – Vertiefung II
Studiengang: Wirtschaftspsychologie

Von
Miriam Walchshäusl

Studiengang: Wirtschaftspsychologie

1 Inhaltsverzeichnis

1 Inhaltsverzeichnis 2
2 Abkürzungsverzeichnis 3
3 Abbildungsverzeichnis 4
4 Anlagenverzeichnis 4
5 Fragebogentechnik, deskriptive und interferenzstatistische SPSS-Analyse (Aufgabe B) 5
    5.1 Operationalisierung des Konstrukts Kundenbindung bei Zeitungen und Konzeption eines Fragebogens (B1) 5
    5.2 Fragekategorien und Skaleneffekte im quantitativen Forschungsdesign (B2)   11
    5.3 Deskriptive und inferenzstatistische SPSS-Analyse (B3) 15
        5.3.1 Alter und Geschlecht 16
        5.3.2 Betriebsgröße 17
        5.3.3 Branchenzugehörigkeit 18
        5.3.4 Betriebliche gesundheitsfördernde Maßnahmen 20
        5.3.5 Engagement im betrieblichen Gesundheitsschutz 23
6 Anlagen 27
7 Literatur- und Quellenverzeichnis 40

2 Abkürzungsverzeichnis

CATI = Computer Assisted Telephone Interview

GDA = Gemeinsame Deutsche Arbeitsschutzstrategie

IBM = International Business Machines Corporation (Unternehmen)

IfD Allensbach = Institut für Demoskopie Allensbach

ILMES = Internet-Lexikon der Methoden der empirischen Sozialforschung

IVW = Informationsgemeinschaft zur Feststellung der Verbreitung von Werbeträgern e.V.

LG = Life's Good (Unternehmen)

SPSS = Statistik-Software von IBM

VuMa = Arbeitsgemeinschaft Verbrauchs- und Medienanalyse

3 Abbildungsverzeichnis

Abbildung 1: Altersverteilung aller Befragten 16
Abbildung 2: Häufigkeitsverteilung Geschlecht 17
Abbildung 3: Geschlechterverteilung Kreisdiagramm 17
Abbildung 4: Häufigkeitsverteilung nach Betriebsgröße 18
Abbildung 5: Betriebsgrößenverteilung Kreisdiagramm 18
Abbildung 6: Branchengruppenzugehörigkeit grob Kreisdiagramm 19
Abbildung 7: Branchengruppenverteilung spezifisch – Kreisdiagramm 19
Abbildung 8: Häufigkeitsverteilung innerbetrieblicher Aktivitäten zur Gesundheitsförderung 20
Abbildung 9: Häufigkeitsverteilung Gesundheitszirkel und anderer Gesprächskreise 21
Abbildung 10: Häufigkeitsverteilung Sportzuschüsse 21
Abbildung 11: Häufigkeitsverteilung Suchtprävention 21
Abbildung 12: Häufigkeitsverteilung Gesundheitscheck 22
Abbildung 13: Bereinigte Variablen A701AClean bis A701DClean und daraus erzeugte Mittelwertvariable MWA701AbisD für den jeweiligen Proband (id). ...23
Abbildung 14: Bereinigter Mittelwert Engagement Gesundheitsschutz 24
Abbildung 15: Mittelwert der Mitarbeiterbereitschaft zum betrieblichen Gesundheitsschutz abhängig von der Betriebsgröße ({1, Trifft voll und ganz zu}, {2, Trifft eher zu}, {3, Trifft eher nicht zu} und {4, Trifft überhaupt nicht zu}). 25
Abbildung 16: Signifikanz der Varianzanalyse zur Bereitschaft der Mitarbeiter zum betrieblichen Gesundheitsschutz abhängig von der Betriebsgröße. 25

4 Anlagenverzeichnis

Anlage 1: Fragebogen Kundenbindung der "Chefkoch-heute" 27
Anlage 2: Kreuztabelle 2 Branchengruppen x Gesundheitsförderung: Angebot eines Gesundheitschecks 39

Fragebogentechnik, deskriptive und interferenzstatistische SPSS-Analyse (Aufgabe B)

4.1 Operationalisierung des Konstrukts Kundenbindung bei Zeitungen und Konzeption eines Fragebogens (B1)

Die Gruner + Jahr GmbH & Co.KG zählt zu den größten Verlagen Europas. Europaweit hält G+J mehr als 500 Zeitschriftentitel.[1] Nachdem kürzlich das moderne Food-Magazin „DELI" des Verlages aufgrund hohen Wettbewerbsdrucks und daraus resultierend zu geringer Umsatzzahlen eingestellt wurde,[2] soll nun die Kundenbindung der Bestandskunden der unternehmenseigenen, fiktiven „Chefkoch-heute" untersucht werden, einer wöchentlich erscheinenden Zeitung, die zusätzlich zu regulären Inhalten den Fokus auf Ernährung und Kochen legt.

Das Unternehmen hat sich dabei für ein quantitatives Forschungsdesign, einen an die Zielgruppe gerichteten Fragebogen, entschieden. Im Folgenden soll hierzu eine Operationalisierung des Konstrukts „Kundenbindung bei Zeitungen" und die Konzeptionierung des entsprechenden Fragebogens durchgeführt werden. Der Fokus dieser Arbeit liegt auf der Fragebogenerstellung und des dahinführenden Prozesses, daher werden die abschließenden Forschungsschritte wie Auswertung des Fragebogens, Datenanalyse, Ergebnisinterpretation und -darstellung lediglich knapp genannt.

Grundlage jeglicher wissenschaftlichen Arbeit ist stets die Problemstellung.[3] Im vorliegenden Fall handelt es sich dabei um die Überprüfung der Kundenbindung an die „Chefkoch-heute" zur anschließenden Ableitung von Handlungsempfehlungen. Diese kann in drei verschiedene Perspektiven präzisiert werden: die betriebliche Perspektive berücksichtigt Ziele, Annahmen und Ergebniserwartung des Auftraggebers, z.B. die Befürchtung, dass die Kundenbindung nicht sonderlich hoch ist, da es viele Konkurrenzmedien und -angebote im Tages-und Wochenzeitungs-Bereich gibt. Die sozioökonomische Perspektive verdeutlicht die Aktualität des Problems. Durch Quellenarbeit zeigt sich, dass im gesamten Printmedienbereich ein starker Rückgang der produzierten Auflagen zu verzeichnen

---

[1] Vgl. https://www.guj.de/unternehmen/ (abgerufen am 25.05.2018)
[2] Vgl. http://meedia.de/2018/04/24/aus-fuer-foodzeitschrift-deli-gruner-jahr-nimmt-weiteres-magazin-vom-markt-auch-cord-wackelt/ (abgerufen am 25.05.2018)
[3] Vgl. Bortz, J./Döring, N.: 2006, S. 36ff.

ist,[4] die Leser weniger bereit sind hohe Ausgaben für Zeitungen zu bezahlen,[5] jedoch gleichzeitig kostenpflichtigen Digitalangeboten zusehends aufgeschlossener werden.[6] Zusätzlich soll ein Austausch auf wissenschaftlicher Ebene erfolgen, der zur Strukturierung des Untersuchungsfeldes beiträgt und bereits vorliegende Ergebnisse mitaufgreift. Anschließend wird die Zielsetzung des Forschungsvorhabens konkretisiert.[7] Es kristallisieren sich folgende Leitfragen heraus:

Welche Einflussfaktoren bestimmen die Kundenbindung bei der „Chefkoch-heute"? (= wissenschaftliches Ziel), und weiter: Wie gut ist die Position von G+J in Bezug auf Zeitungen im Konkurrenzvergleich? Welche Handlungsempfehlungen lassen sich durch Kundenbefragung und Konkurrenzvergleich ableiten? (= praxisbezogenes Ziele)

Anschließend werden mithilfe geeigneter (Fach-)Literatur theoretische Methoden und Ansatzpunkte zur Präzisierung des Forschungsvorhabens identifiziert, z.B. hier das Messmodell von Rogall.[8] In der Ableitung geeigneter Hypothesen kommt dieses dann zur Anwendung. Hypothesen sind Relationen zwischen sozialen Merkmalen,[9] die mithilfe der wissenschaftlichen Untersuchung bestätigt oder abgelehnt werden sollen. Die H_0-Hypothese im vorliegenden Fall lautet: Es gibt keinen Zusammenhang zwischen der Ausprägungsstärke der Dimensionen Habituelle Mediennutzung, Variety Seeking, Kundenzufriedenheit, Soziale/Ökonomische Wechselhemmnisse, sowie Produktfunktionen und -eigenschaften und der Kundenbindung bei der „Chefkoch-heute".

Im Gegensatz dazu wird die H_1-Hypothese folgendermaßen formuliert: Je stärker die Dimensionen Habituelle Mediennutzung, Variety Seeking, Kundenzufriedenheit, Soziale/Ökonomische Wechselhemmnisse, sowie Produktfunktionen und -eigenschaften ausgeprägt sind, umso höher ist die Kundenbindung bei der „Chefkoch-heute".

---

[4] Vgl. https://de.statista.com/statistik/daten/studie/37063/umfrage/hoehe-der-auflagen-von-publikumszeitschriften-seit-1996/. (abgerufen am 27.05.2018)
[5] Vgl. https://de.statista.com/statistik/daten/studie/273262/umfrage/verbraucherverhalten--hohe-ausgabebereitschaft-fuer-zeitungen-zeitschriften/. (abgerufen am 27.05.2018)
[6] Vgl. https://de.statista.com/statistik/daten/studie/247365/umfrage/nutzung-kostenpflichtiger-printmedien-angebote-ueber-das-internet/. (abgerufen am 27.05.2018)
[7] Vgl. Reinhardt R.: 2015, S. 53.
[8] Vgl. Rogall, D.: 2000.
[9] Vgl. Diekmann, A.: 2001, S. 107 – 122.

Steht die Hypothese, erfolgt die Konzipierung des Forschungsplans. Zunächst wird eine Stichprobenauswahl durchgeführt. Da eine Vollerhebung der „Chefkoch-heute"-Abonnenten zu zeit- und kostenaufwändig wäre,[10] [11] entscheidet sich das Management für eine einfache Zufallsauswahl der Stichprobe. Hierbei wird eine vollkommen zufällige Auswahl von Lesern aus der Gesamtkundenschaft gezogen, ohne dabei weitere Merkmale zu berücksichtigen. Da bei der Zufallswahl jeder Käufer die Chance hat gezogen zu werden, ist diese Methode als repräsentativ zu betrachten.[12] Die „Chefkoch-heute" besitzt eine wöchentliche Auflage von 20.000 Exemplaren, davon sollen nun 10% (= 200 Personen) im Rahmen der Untersuchung befragt werden. Die Größenwahl der Stichprobe ist dabei abhängig von der Grundgesamtheit der Zielgruppe. Das Bestreben ist es, eine repräsentative Teilmenge abzubilden und nicht von festgelegten Fehlertoleranzgrenzen abzuweichen.[13]

In Bezug auf das Forschungsdesign, hat sich das Management von G+J sehr schnell für eine quantitative Querschnittsuntersuchung in Form eines schriftlichen Fragebogens entschieden. Das Management entschied sich gegen eine Online-Version, da der Fragebogen einfach der nächsten Ausgabe der Zeitung beigelegt werden kann, somit keine zusätzlichen Versandkosten entstehen und damit auch ältere, nicht an das Internet angebundene, Leser befragt werden können. Im Hinblick auf die gebildeten Hypothesen werden die Variablen, also die Merkmale, die verschiedentliche Ausprägungsstärken annehmen können eingeordnet.[14] Die Variable „Dimensionen: Habituelle Mediennutzung, Variety Seeking, Kundenzufriedenheit, Soziale/Ökonomische Wechselhemmnisse, Produktfunktionen und -eigenschaften" ist eine abhängige Variable, die beeinflusst und gestaltet werden kann. Hingegen ist die Variable „Kundenbindung" unabhängig und kann nicht gelenkt werden.

Empirische Merkmalsdifferenzen werden in numerischen Unterschieden dargestellt, deshalb muss anschließend das Skalenniveau der Untersuchung festgelegt werden. Das Messniveau bestimmt dann, wie die Zahlenunterschiede der relevanten Variablen interpretiert werden sollen. Die einfachste Form ist dabei

---

[10] Vgl. Kromrey, H.: 2006, S. 279ff.
[11] Vgl. Atteslander, P.: 2008, S. 248ff.
[12] Vgl. Reinhardt, R.: 2015, S. 69.
[13] Vgl. Petersen, T.: 2014, S. 18ff.
[14] Vgl. Reinhardt, R.: 2015, S. 72.

die Nominalskala.[15] Hier werden ungeordnete Gegenständen und Eigenschaften durch Zahlen oder Symbole benannt. Sie kommt vor allem bei Aussagen zu Geschlecht, Haut- und Augenfarbe zum Einsatz. Rangskalen hingegen ordnen die einzelnen Variablenausprägungen nach einer Rangordnung ein. Als Beispiele hierfür sind Schulnoten und Sportplatzierungen zu nennen. Die Intervallskala ist eine Sonderausprägung der Rangskala. Die Abstände zwischen ihren Skalenwerten sind stets konstant, was zu einer Standardisierung der Messwertanordnung führt. Vor allem im Bereich der IQ-Messung, aber auch bei der physikalischen Temperaturskala wird die Intervallskala verwendet. Außerdem gibt es die Verhältnisskala, die zusätzlich zur standardisierten Maßeinheit einen fixierten Nullpunkt besitzt. Dies ermöglicht die Verhältnisnahme von Zahlenwerten, bei frei wählbarer Einheit (wie z.B. Sekunden, Minuten, …) und damit Aussagen in Bezug auf Gewicht, Zeit, u.ä. wie z.B.: „doppelt so lange" (Dauer).[16]

Das Forscherteam von G+J entscheidet sich für die Rangskala mit verbalisierten Ausprägungen im Sinne von „stimme voll und ganz zu" als oberstes Niveau, bis „stimme überhaupt nicht zu" als niedrigstes Niveau. Da die Ausprägungsgrenzen fluider werden, je mehr Kategorien die Skala aufweist, entscheidet sich das Forscherteam für sechs Skalierungsstufen. Bewusst wählen sie dabei eine gerade Anzahl, damit keine neutrale Mittelkategorie entsteht.[17] Da das Unternehmen daran interessiert ist, eine möglichst eindeutige Tendenz zu identifizieren, ist eine dominante – da häufig gewählte – aussageschwache Mittelkategorie im vorliegenden Fall nicht wünschenswert.

Eng verknüpft mit der Bestimmung des Skalenniveaus ist die Operationalisierung und Indikatorenbildung der verwendeten Hypothesenbegriffe. Nur durch diesen Vorgang werden Phänomene greif- und messbar.[18] Der aufwändige Operationalisierungsvorgang wird in dieser Arbeit durch die Verwendung der Konstruktoperationalisierung „Kundenbindung bei Tageszeitungen" von Rogall[19] übersprungen.

Die Dimension Habituelle Mediennutzung erforscht wie stark sich die Abonnenten an den Aufbau und den thematischen Inhalt von „Chefkoch-heute" gewöhnt

---

[15] Vgl. http://wlm.userweb.mwn.de/Ilmes/ilm_m2.htm (abgerufen am 27.05.2018)
[16] Vgl. Kallus, K.W.: 2010, S. 68f.
[17] Vgl. Klammer, B.: 2005, S. 81ff.
[18] Vgl. Kromrey, H.: 2006, S. 175ff.
[19] Vgl. Rogall, D.: 2000.

haben. Es wird abgefragt, in welchem Maß die Zeitung genutzt wird. Da anzunehmen ist, dass die Bindung an „Chefkoch-heute" umso größer ist, je stärker ihr Gewohnheitsfaktor ist, ist es wünschenswert, dass das Lesen der Zeitung zu einem festen Tagesbestandteil und somit geschätztem Ritual wird. In der Dimension Variety Seeking wird untersucht, inwiefern sich die Leser inhaltliche oder formale Veränderungen der „Chefkoch-heute" wünschen. Auch der Konsum von Konkurrenzzeitungen wird erfragt. Dies hat den Hintergrund, dass Leser die gerne immer wieder neue Formen und Inhalte konsumieren möchten, tendenziell schneller zu Konkurrenzprodukten wechseln. Die Dimension Kundenzufriedenheit betrachtet den Zufriedenheitsgrad der Kunden mit Zeitungsteilen bzw. der gesamten „Chefkoch-heute". Denn wenn die Leser sehr zufrieden mit Ihrem Medium sind, werden sie nur geringe Wechseltendenzen zu anderen Produkten zeigen. In der Dimension Soziale Wechselhemmnisse geht es um die soziale Umgebung der Leser. Tradierte Nutzungsmuster und sozialer Druck im Bekanntenkreis sind wichtige Einflussfaktoren der Kundenbindung. Ebenso wird erfragt inwieweit die „Chefkoch-heute" den Lesern als lokale Gesellschaftsbrücke dient. Die Dimension Ökonomische Wechselhemmnisse erforscht, inwiefern der Wechsel zu einem Konkurrenzprodukt ökonomisch nachteilig für den Leser ist, da angenommen werden kann, dass ökonomische Vorteile ein maßgeblicher Entscheidungsfaktor bei der Wahl einer Zeitung sind. In der letzten Dimension Produktfunktionen und -eigenschaften sollen die Leser wichtige Funktionen und Eigenschaften der Zeitung bewerten. Das Forscherteam möchte herausfinden, wo die Leser Stärken und Schwächen der „Chefkoch-heute" sehen und welche Charakteristika sie besonders schätzen. Außerdem wird eruiert, ob die Zeitung vorrangig Entspannungs-, Orientierungs- oder Informationsfaktor für die Leser besitzt.[20]

Nach der Indikatorenbildung, die im vorliegenden Fall bereits von Rogall[21] durchgeführt wurde, schließt sich die Entwicklung geeigneter Items für den Fragebogen an. Dieser beinhaltet neben den Fragen, den Titel und ein Anschreiben an den Leser mit der Zielsetzung der Befragung, einer Ausfüllanleitung, Hinweisen für Rückfragen oder Anreize, einer Vertraulichkeitsklausel, sowie einer Danksagung.[22]

---

[20] Vgl. Walchshäusl, M.: 2017, S. 6.
[21] Vgl. Rogall, D.: 2000.
[22] Vgl. Reinhardt, R.: 2015, S. 22.

Die Fragensukzession, also die Reihenfolge in der die Fragen an den Probanden gestellt werden ist von hoher Bedeutung.[23] Um den Leser zu motivieren und nicht zu überfordern, beginnt der Fragebogen „Chefkoch-heute" mit Eisbrecherfragen, bzw. persönlichen Fragen zur Person des Lesers.[24] Anschließend folgen leichte Einstiegsfragen zum Thema persönliche Nutzung der Zeitung, die den Leser in die Thematik einführen, jedoch nicht sofort abschrecken. Die Fragen werden blockweise nach den thematischen Dimensionen gruppiert und ergeben in Ihrer Abfolge eine logisch nachvollziehbare Ordnung. Erst zum Ende der Befragung werden schwierige Abstrahierungsfragen gestellt,[25] z.B. wenn die Leser die „Chefkoch-heute" anhand ihrer Funktionen und Eigenschaften beurteilen sollen.

Für den Fragebogen werden hauptsächliche geschlossene Fragen verwendet, da sie sich rascher bearbeiten und auswerten lassen als halboffene oder offene Fragen. Die Frageformulierungen erfolgen sehr sorgfältig und unter Vermeidung von Fachbegriffen, sodass sie einfach verständlich und nachvollziehbar sind. Thematische Überschneidungen werden vermieden.[26] Vertiefende Ausführungen zu Fragekategorien und -gestaltung finden sich in dieser Arbeit im Kapitel 6.2.

Beim Layout des Fragebogens für „Chefkoch-heute" wird darauf geachtet, dass es optisch ansprechend, übersichtlich und einheitlich für den Probanden ist. Ein interessant gestaltetes Deckblatt und die freundliche, abwechslungsreiche äußere Form des Fragebogens vermitteln den Lesern Spaß am Ausfüllen.[27] Besonders wichtig ist die Übersichtlichkeit der Darstellung. Wenn beispielsweise auf den ersten Blick wahrzunehmen ist, ob es sich um eine Frage, einen Ausfüllhinweis oder eine Antwortkategorie handelt, trägt diese Übersichtlichkeit zu einer leichteren Bearbeitung für die Leser bei, wirkt damit kostenreduzierend und sorgt für eine höhere Datenqualität. So wird z.B. darauf geachtet bei Fragen mit Einfachnennungen □ zu verwenden und ○ bei Fragen mit Mehrfachnennungen (siehe Frage 16; Anhang 1). Hierdurch wird optisch die Ausfüllanleitung unterstützt und die Bearbeitung für den Leser verdeutlicht.[28] Als klar lesbare Schrift wurde „Calibri" mit Schriftgröße 12pp gewählt.

---

[23] Vgl. Porst, R.: 2014, S. 133ff.
[24] Vgl. Micheel, H.-G.: 2010, S. 87.
[25] Vgl. Reinhardt, R.: 2015, S. 22.
[26] Vgl. Mayer, H.O.: 2013, S. 91f.
[27] Vgl. Klöckner, J./Friedrichs, J.: 2014, S. 680.
[28] Vgl. Porst, R.: 2014, S. 55.

Bevor der Fragebogen an die Probanden ausgegeben wird, wird zunächst ein klassischer Pretest durchgeführt. 20 Testpersonen werden ausgewählt um den Fragebogen in drei Testläufen probehalber auszufüllen und zu kommentieren. So werden unklare Fragestellungen identifiziert und können nachgebessert werden, und die Funktionsfähigkeit des gesamten Forschungsaufbaus überprüft.[29] Die Forscher erkennen nach der Bearbeitung durch die Testpersonen ob die Fragen verständlich formuliert sind, es Unklarheiten gibt, wie interessiert die Probanden während des Tests bzw. im Verlauf sind, ob die Fragereihenfolge sinnig ist, wie sich Häufigkeiten verteilen und wie lange die Befragung insgesamt dauert.[30]

Nach der finalen Nachbearbeitung wird der Fragebogen gemeinsam mit dem Anschreiben, der Ausfüllanleitung, sowie einem freigemachten Rückkuvert[31] der nächsten samstäglichen „Chefkoch-heute" beigelegt.

Nach einer Rücklaufzeit von 10 Wochen wertet das Forscherteam von G+J die eingegangenen Fragebögen mithilfe statistischer Verfahren aus und interpretiert die Ergebnisse in Bezug auf die zugrundeliegende Fragestellung: Welche Einflussfaktoren wirken sich auf die Kundenbindung der Leser der „Chefkoch-heute" aus? Im Anschluss können praktische Handlungsempfehlungen abgeleitet werden, z.B. eine Modernisierung des Layouts oder Hinzunahme neuer Themensparten, die sich aus den Umfrageergebnissen identifizieren lassen. Die erzielten Ergebnisse, wie auch die Handlungsempfehlungen werden kritisch diskutiert und übersichtlich dargestellt dem Management von G+J präsentiert.

4.2 Fragekategorien und Skaleneffekte im quantitativen Forschungsdesign (B2)

Das Unternehmen LG steht für fortschrittliche Technologie und ästhetisches Design im Bereich elektronischer Haushaltsgeräte. Für eine neue Generation von Flachbildfernsehern mit 3D-Technologie möchte die Firma mithilfe eines Fragebogens die Bereitschaft von Haushalten zum Erwerb evaluieren.

Je nachdem wie die Antworten eines Fragebogens angegeben sind, unterscheidet man zwischen offenen und geschlossenen Fragen:

---

[29] Vgl. Moosbrugger, H./Kelava, A.: 2008, S. 70.
[30] Vgl. Kirchhoff, S. et al.: 2010, S. 17f.
[31] Vgl. Mayer, H.O.: 2013, S. 101.

Offene Fragen geben keine Antwortkategorien vor. Der Proband kann seine Antwort völlig frei formulieren. Sie sind vor allem für Fragestellungen geeignet, für die noch keine umfassenden Antwortkenntnisse des Forschers vorhanden sind, da hier keine Vorab-Inhaltsanalyse der Antwortmöglichkeiten vonnöten ist. Vorteilig ist auch, dass der Proband sich in dem Maße und Umfang zur Fragestellung äußern kann, wie er es für angemessen hält. Dabei werden beim Befragten Artikulationsfähigkeit, Wissen und Motivation vorausgesetzt. Da diese Merkmale schichtabhängig variieren können, besteht die Gefahr einer Unterbewertung niedriger sozialer Schichten. Auch der Einfluss des Interviewers kann sich stark manifestieren. Beispielhaft werden hier drei offene Fragen für den Fragebogen der Firma LG dargestellt:

> 1. *Welche berufliche Tätigkeit üben Sie aus? Bitte beschreiben Sie diese.*
> ....

> 2. *Welche Sendungen sehen Sie sich gerne auf Ihrem Fernseher an? (Mehrfachnennungen möglich)*
> ....

> 3. *Was ist Ihre Meinung zum Thema 3D-Fernsehen?*
> ....

Im Gegensatz zu offenen Fragen sind bei geschlossenen Fragen feste Antwortkategorien vorgegeben. Die Fragen lassen sich durch die Probanden rascher bearbeiten und sind gut vergleichbar, sowie schneller ausgewertet durch den Forscher. Bei der Fragebogenkonzipierung muss dabei bereits im Vorfeld eine gedankliche Analyse des potenziellen Antwortspektrums durchgeführt werden um sinnvolle Antwortkategorien angeben zu können. Dabei ist darauf zu achten, dass die Kategorien vollständig und überschneidungsfrei aufgelistet werden und sich auf den Bezugsrahmen der Probanden beziehen.[32]

> 1. *Welche Inhalte möchten Sie gerne in 3D auf Ihrem Fernsehgerät konsumieren?*
> ☐ Videospiele
> ☐ Fernsehfilme
> ☐ Nachrichtensendungen
> ☐ Dokumentationen
> ☐ Serien

---

[32] Vgl. Porst, R.: 2014, S. 54f.

Abgestufte Aussagen sind mit besonderer Sorgfalt vorzubereiten. Der Proband ordnet seine Beurteilung dabei auf einem vorgegebenen Antwortspektrum an.

---

2. **Wie stark interessieren Sie sich für neue Fernsehtechnologien?**
   ☐ Sehr stark
   ☐ Stark
   ☐ Mittel
   ☐ Wenig
   ☐ Gar nicht

---

3. **Wie wichtig ist Ihnen ein möglichst realistisches Fernseherlebnis?**
   ☐ Sehr wichtig
   ☐ Wichtig
   ☐ Mittel
   ☐ Unwichtig
   ☐ Sehr unwichtig

Eine in der Praxis häufig auftretende Frageform ist die halboffene Frage. Diese besteht aus der Kombination einer an sich geschlossenen Frage und einer zusätzlichen Sonderkategorie, bei der der Proband frei formulierte Antworten geben kann. Wenn beispielsweise sehr differenziertes Wissen zu bestimmten Bereichen vorhanden ist, sind allein die vorgegebenen Antwortkategorien nicht suffizient für eine gewissenhafte Bearbeitung. Ebenso kommen Halboffene Fragen zum Einsatz wenn aus Platzgründen nicht alle möglichen Antwortkategorien aufgelistet werden können.[33] Für den Fragebogen der Firma LG werden folgende Hybridfragen[34] konzipiert:

---

1. **Sind Sie bereit, in ein Fernsehgerät mit 3D-Technologie mehr Geld zu investieren, als in reguläre HD-Geräte?**
   ☐ Nein
   ☐ Ja, - wieviel: ……….. €

---

2. **Wo haben Sie bereits Erfahrungen mit 3D-Technologie in der Unterhaltungsbranche gemacht?**
   ☐ 3D-Fernsehen
   ☐ 3D-Kinofilm
   ☐ Andere Erfahrungen, und zwar ……………………………………………
   ☐ Keine Erfahrungen bisher

---

3. **Was ist Ihnen in Bezug auf Ihr Fernseherlebnis besonders wichtig?**
   ☐ Hohe Bildqualität
   ☐ Perfekter Ton
   ☐ Möglichst reales Erleben
   ☐ Geringe Kosten
   ☐ Sonstiges, und zwar ……………………………………………………………

---

[33] Vgl. Kromrey, H. et al.: 2016, S. 354.
[34] Vgl. Schnell, R. et al.: 1999, S. 311.

Damit sichergestellt ist, dass die verbalisierten Fragen und Antworten in einem Fragebogen weitestgehend einheitlich aufgefasst werden, ist es wichtig, grundlegende Formulierungs- und Fragebogenkonstruktionsgrundsätze zu beachten:[35] [36] [37] [38] Grundsätzlich sollten Fragen in dem Maße leicht verständlich, kurz und konkret formuliert werden, wie es mit dem Sachzweck der Fragestellung vereinbar ist. Lange Fragen oder komplizierte Satzstellungen sorgen häufig für Verwirrung. Auch unklare Begrifflichkeiten oder doppelte Verneinungen tragen nicht zu einer unmittelbaren Verständlichkeit des Fragebogens bei.[39]

Zur Schaffung eines einheitlichen Bezugsrahmens für die Teilnehmer, müssen die verbalisierten Fragen und Antworten eindeutig formuliert und der geforderte Genauigkeitsgrad spezifiziert werden. Dafür soll nur immer eine Frage zur gleichen Zeit gestellt werden. Die folgende Frage: „Haben Sie in den letzten sieben Tagen allein oder mit Ihrer Familie oder mit Freunden ein Videospiel auf Ihrem Fernseher gespielt?" wird dieser Anforderung beispielsweise nicht gerecht. Es sind zwei Fragen (ein Videospiel gespielt; alleine oder mit anderen – mit wem – gespielt), die hier miteinander verknüpft wurden. Zum Thema „Bezugsrahmeneinheitlichkeit" müsste hier auch der Begriff „Videospiel" genauer spezifiziert werden.[40]

Wichtig ist außerdem, dass der Proband bei der Befragung nicht überfordert wird. Er soll ausschließlich nach Informationen befragt werden, die er besetzt und nur solche Unterscheidungen treffen, denen er gewachsen ist. Müssen mehrere Aspekte miteinander verglichen werden, so ist es hilfreich Listen zur Unterstützung vorzugeben. Bei der Fragebogenkonstruktion sollte stets die Bemühung im Vordergrund stehen, jede nicht unbedingt notwendige intellektuelle, psychologische, sprachliche und technische Anstrengung für den Interviewer und den Befragten zu vermeiden.[41]

Zusätzlich dürfen Fragen dem Probanden keine spezifische Antwortrichtung nahelegen. Damit eine suggestive Wirkung unterbunden wird, müssen Fragen so neutral wie möglich formuliert werden. So soll im Wortlaut beispielsweise nicht

---

[35] Vgl. von Alemann, H.: 1977, S. 209f.
[36] Vgl. Faulbaum, F. et al.: 2009.
[37] Vgl. Noelle-Neumann; E./ Petersen, T.: S. 95ff.
[38] Vgl. Kreutz, H./Titscher, S.: 1974, S. 53ff.
[39] Vgl. Reinhardt, R.: 2015, S. 18.
[40] Vgl. Kromrey, H. et al.: 2016, S. 349f.
[41] Vgl. Noelle-Neumann; E./ Petersen, T.: 2000, S. 63.

nur eine Antwortalternative genannt werden. Durch eine ausgeglichene Fragestellung wird die Abbildung persönlicher Meinungen des Forschers und gesellschaftlicher Voreingenommenheit verhindert.[42] [43]

Neben der Einhaltung von Faustregeln bei der Erstellung des Fragebogens, ist es wichtig, dass der Forscher sich bei der Auswertung der Ergebnisse des Phänomens der Skaleneffekte bewusst ist. Dieser beschreibt die Erscheinung, dass bei gleicher Frage, jedoch unterschiedlicher Antwortskala, verschiedene Resultate erzielt werden.[44] Beispielhaft wird dies an der folgenden Frage für LG veranschaulicht:

4. Wieviel Geld würden Sie für ein neues 3D-Fernsehgerät ausgeben?	
☐ Bis 250€	☐ bis 900€
☐ 250 – 500€	☐ 900 – 1200€
☐ 500 – 750€	☐ 1200 – 1500€
☐ 750 – 900€	☐ 1500 – 1700€
☐ Mehr als 900€	☐ Mehr als 1700€

Bei der Befragung würde sich nun links ergeben, dass 20% der Probanden mehr als 900€ ausgeben würden, rechts wäre jedoch das Ergebnis, dass knapp 40% mehr als 900€ ausgeben würden. Diese Differenz ergibt sich aus dem Effekt, dass Probanden sich an den eingebetteten Informationen des Skalen-Wertebereichs orientieren und ihn als eigenen Bezugsrahmen adaptieren. Die Skala wird zur Interpretationshilfe und beeinflusst dadurch das Abstimmverhalten.[45]

4.3 Deskriptive und inferenzstatistische SPSS-Analyse (B3)

Im Zeitraum Mai bis August 2011 führte Infratest eine telefonische Befragung im Rahmen der Dachevaluation der GDA durch.[46] An der Betriebs- und Beschäftigtenbefragung nahmen 5496 Personen (= N) im Alter von 14 bis 79 Jahren teil.

Die Befragung erfolgte mittels eines standardisierten Fragebogens (CATI). Dabei wurden Daten zu betrieblichen Arbeitsschutzmaßnahmen und dem Bild der Arbeitsschutz-Aufsichtsdienste aus betrieblicher Perspektive erhoben. Auch die Einstellungen und das Beschäftigtenverhalten bezüglich Gesundheitsschutz und der eigenen Gesundheitskompetenz wurde evaluiert. Zusätzlich wurden die Probanden zu Belastungen und Gefährdungen im Betrieb bzw. am Arbeitsplatz

---

[42] Vgl. Atteslander, P.: 2008, S. 101.
[43] Vgl. Bortz, J./Döring, N.: 2006, S. 252ff.
[44] Vgl. Reinhardt, R.: 2015, S. 20f.
[45] Vgl. Reinhardt, R.: 2015, S. 21.
[46] Vgl. Sommer, S./Schmitt, B.: 2012.

befragt.[47] Die nachfolgenden deskriptiven und interferenzstatistischen SPSS-Analysen beziehen sich auf die Stichprobe des Datensatzes ZA5634_Arbeitnehmer_kurz.sav4.[48]

4.3.1 Alter und Geschlecht

5481 Befragte haben in der Umfrage ihr Alter angegeben, der jüngste Proband war 14 Jahre alt und der Älteste 79 Jahre alt. Das Durchschnittsalter der Befragten betrug - bei einer Standardabweichung von 10,947 Jahren - 44,17 Jahre. 15 Teilnehmer haben keine Altersangabe gemacht. Abb.1 stellt die Altersverteilung der Befragten graphisch dar.

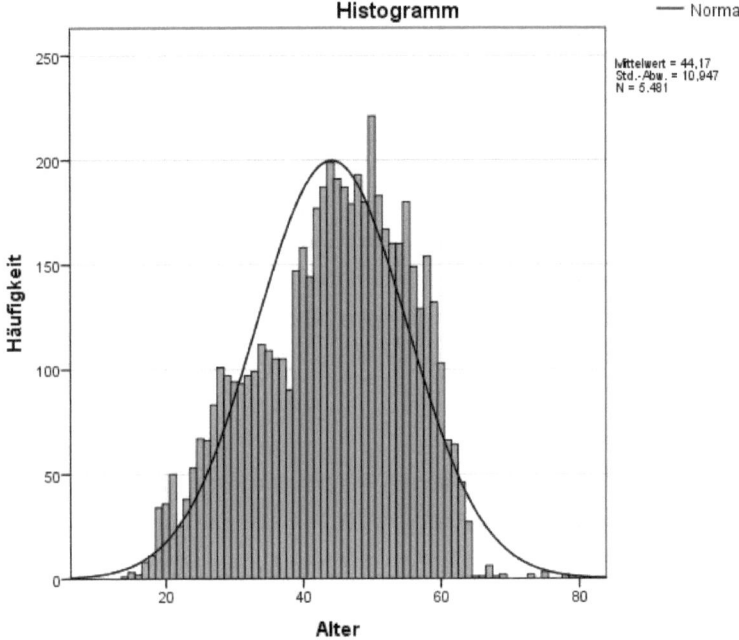

Abbildung 1: Altersverteilung aller Befragten
(Quelle: eigene Darstellung mit SPSS)

---

[47] Vgl. https://dbk.gesis.org/dbksearch/sdesc2.asp?no=5634&search=F%C3%BChrung%20ARbeit%20Betrieb&search2=%20&field=all&field2=&DB=d&tab=0&notabs=&nf=1&af=&ll=10 (abgerufen 29.05.2018)
[48] Vgl. https://dbk.gesis.org/dbksearch/sdesc2.asp?no=5634&db=e&doi=10.4232/1.11483 (abgerufen 29.05.2018)

Die Altersspannweite beträgt 65 Jahre, der Modus – die am meisten genannte Merkmalsausprägung[49] – des Alters beträgt 50 Jahre. Es wurden insgesamt 2434 Männer und 3062 Frauen befragt (Abb.2, Abb.3). Dabei war die jüngste Frau 15 Jahre alt, der jüngste Mann 14 Jahre alt, die ältesten Befragten (je männlich und weiblich) waren 79 Jahre alt. Dabei zeigt sich bei den weiblichen Teilnehmerinnen ein Durchschnittsalter von 44,41 Jahren mit einer Standardabweichung von 10,714 Jahren, bei den männlichen Teilnehmern ein Durchschnittsalter von 43,88 Jahren (Standardabweichung 11,227 Jahre). Die Standardabweichung beschreibt dabei die Entfernung aller gemessenen Merkmalseigenschaften vom Durchschnitt.[50]

Geschlecht

		Häufigkeit	Prozent	Gültige Prozente	Kumulierte Prozente
Gültig	Männlich	2434	44,3	44,3	44,3
	Weiblich	3062	55,7	55,7	100,0
	Gesamt	5496	100,0	100,0	

Abbildung 2: Häufigkeitsverteilung Geschlecht
(Quelle: eigene Darstellung mit SPSS)

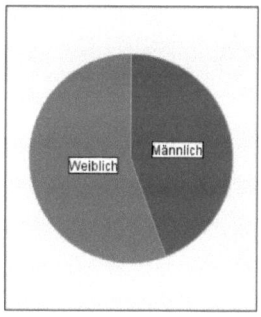

Abbildung 3: Geschlechterverteilung Kreisdiagramm
(Quelle: eigene Darstellung mit SPSS)

4.3.2 Betriebsgröße

In der Auswertung der Variablen A207gr im Datensatz zeigt sich, dass die Mehrheit aller Befragten (27,7%) in großen Unternehmen mit mehr als 250 Mitarbeitern beschäftigt ist. Am zweithäufigsten (26,8%) sind Mitarbeiter aus Betrieben mit 10 – 49 Angestellten vertreten, am dritthäufigsten (26,1%) wurden Angestellte

---
[49] Vgl. https://de.statista.com/statistik/lexikon/definition/92/modus/ (abgerufen 29.05.2018)
[50] Vgl. https://de.statista.com/statistik/lexikon/definition/126/standardabweichung/ (abgerufen 29.05.2018)

mit einer Betriebsgröße von 50 – 249 Personen befragt. Mit 15,4% sind in sehr kleinen Unternehmen mit 1 – 9 Angestellten nur die wenigsten Befragten tätig (Abb.4).

Anzahl der Mitarbeiter

		Häufigkeit	Prozent	Gültige Prozente	Kumulierte Prozente
Gültig	1-9	847	15,4	15,4	15,4
	10-49	1471	26,8	26,8	42,2
	50-249	1432	26,1	26,1	68,2
	250 +	1521	27,7	27,7	95,9
	Weiß nicht	171	3,1	3,1	99,0
	Keine Angabe	54	1,0	1,0	100,0
	Gesamt	5496	100,0	100,0	

Abbildung 4: Häufigkeitsverteilung nach Betriebsgröße
(Quelle: eigene Darstellung mit SPSS)

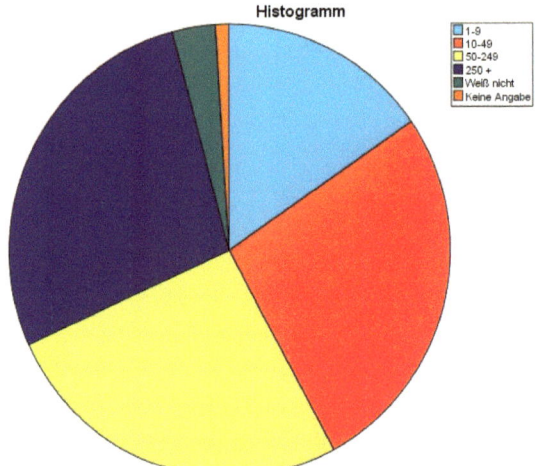

Abbildung 5: Betriebsgrößenverteilung Kreisdiagramm
(Quelle: eigene Darstellung mit SPSS)

4.3.3 Branchenzugehörigkeit

Ordnet man die Befragungsteilnehmer grob nach ihrer Zugehörigkeit in die Branchengruppen „Landwirtschaft und Produktion" oder „Dienstleistung" ein, so sind lediglich 26,1% in der Landwirtschaft und Produktion, jedoch 68,9% in der Dienstleistungsbranche tätig. 5% der Befragten ordnen sich keiner der beiden Kategorien zu (Abb. 6).

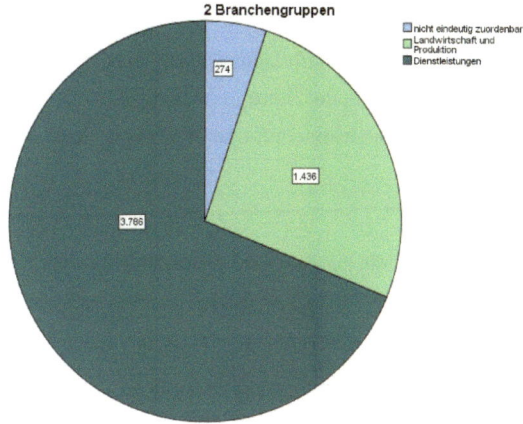

Abbildung 6: Branchengruppenzugehörigkeit grob Kreisdiagramm
(Quelle: eigene Darstellung mit SPSS)

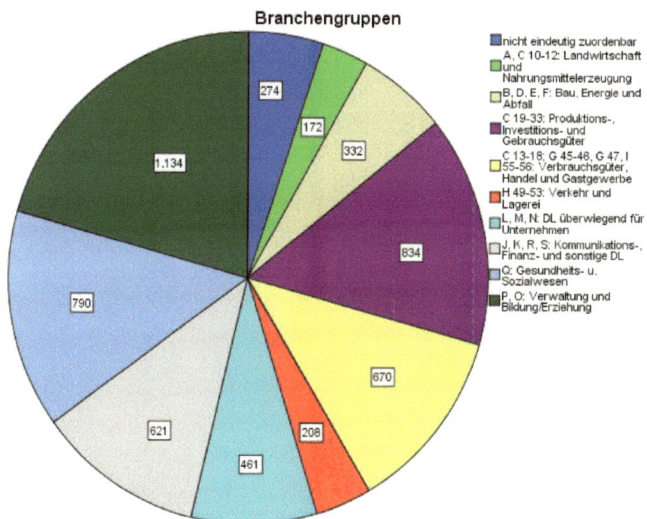

Abbildung 7: Branchengruppenverteilung spezifisch – Kreisdiagramm
(Quelle: eigene Darstellung mit SPSS)

Werden die einzelnen Branchengruppen genauer betrachtet, gibt es weiterhin 5% der Befragten, die sich nicht genauer einordnen können. Die meisten Teilnehmer (20,6%) sind im Bereich Verwaltung, Bildung/Erziehung tätig, 15,2% aller Befragten ist im Sektor Produktions-, Investitions- und Gebrauchsgüter angestellt. 14,4% sind im Gesundheits- und Sozialwesen und 12,2% im Bereich Verbrauchsgüter, Handel und Gastgewerbe, während 11,3% im Bereich

Kommunikations-, Finanz- und sonstige Dienstleistungen beschäftigt sind. 8,4% leisten Dienstleistungen überwiegend für Unternehmen und 6% sind in der Bau-, Energie- und Abfallbranche. 3,8% der Befragten ist in der Branche Verkehr und Lagerei und nur 3,1% in der Landwirtschaft und Nahrungsmittelerzeugung tätig (Abb. 7).

4.3.4 Betriebliche gesundheitsfördernde Maßnahmen

Die Teilnehmer wurden ebenfalls zur Existenz gesundheitsförderlicher Maßnahmen in Ihrem Betrieb befragt. Sie sollten angeben, ob es Angebote wie innerbetriebliche Aktivitäten, Gesundheitszirkel und andere Gesprächskreise, Zuschüsse zu Fitnessstudiobesuchen oder anderen außerbetrieblichen Sportaktivitäten, Angebote zur Suchtprävention und Gesundheitschecks gibt. Es zeigt sich deutlich, dass die betriebliche Gesundheitsförderung in den meisten Betrieben zu kurz kommt. Immerhin 38,4% der Unternehmen bieten einen Gesundheitscheck (Abb. 12) und 28,6% innerbetriebliche Aktivitäten (Abb. 8) an. Nur 16,9% bieten Zuschüsse zu Fitnessstudiobesuchen und anderen Sportaktivitäten (Abb. 10) an.

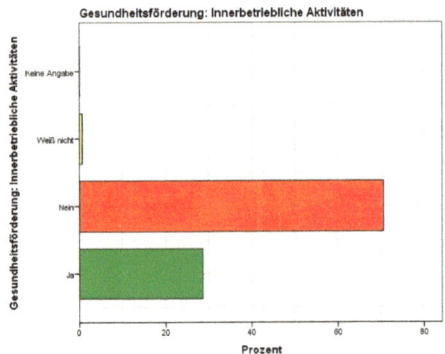

Abbildung 8: Häufigkeitsverteilung innerbetrieblicher Aktivitäten zur Gesundheitsförderung (Quelle: eigene Darstellung mit SPSS)

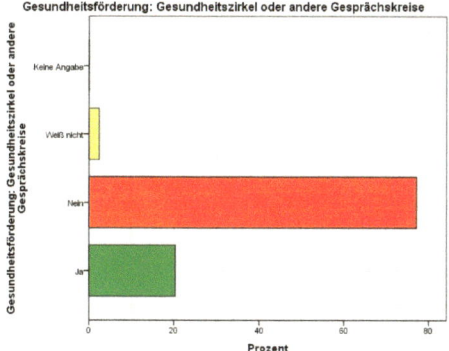

Abbildung 9: Häufigkeitsverteilung Gesundheitszirkel und anderer Gesprächskreise
(Quelle: eigene Darstellung mit SPSS)

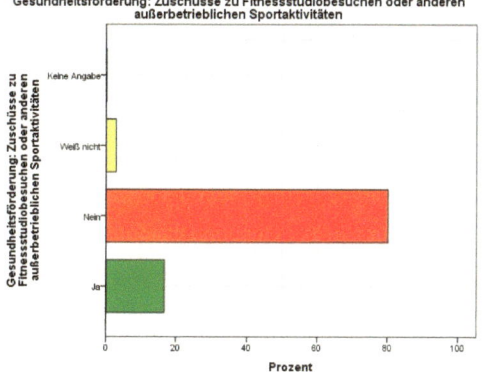

Abbildung 10: Häufigkeitsverteilung Sportzuschüsse
(Quelle: eigene Darstellung mit SPSS)

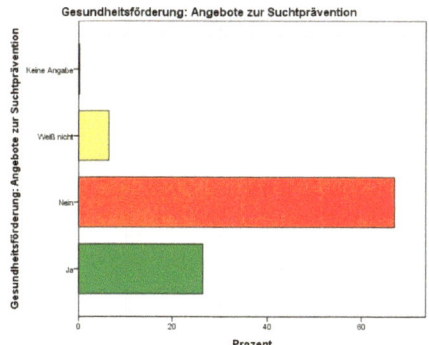

Abbildung 11: Häufigkeitsverteilung Suchtprävention
(Quelle: eigene Darstellung mit SPSS)

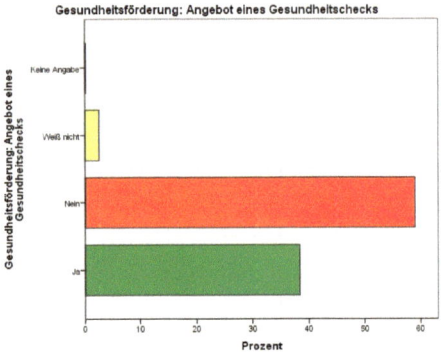

Abbildung 12: Häufigkeitsverteilung Gesundheitscheck
(Quelle: eigene Darstellung mit SPSS)

Betrachtet man die beiden Branchengruppen „Landwirtschaft und Produktion" und „Dienstleistungen" so zeigt sich durch eine interferenzstatistische Analyse, dass sich die Häufigkeiten der hier jeweils angebotenen Gesundheitsförderungsmaßnahmen unterscheiden. Um dies herauszufinden, wurde der Chi^2-Test angewandt, der dazu dient beobachtete Häufigkeiten mit erwarteten Häufigkeiten zu vergleichen.[51] [52] Beispielhaft für alle fünf Gesundheitsförderungsmaßnahmen soll hier die Herleitung mit dem Angebot eines Gesundheitschecks durchgeführt werden, da hier aufgrund oben beschriebener Ergebnisse die höchsten Werte für die erwartete Häufigkeit erreicht werden. Die Abweichung von beobachteter und erwarteter Häufigkeit (Chi^2 nach Pearson) liegt hier bei 84,963. Das festgelegte Signifikanzniveau liegt bei 4,0. Da die asymptotische Signifikanzzahl im vorliegenden Fall mit 0,0 ausgegeben wird und damit das Signifikanzniveau unterschreitet, gilt: es existiert ein statistischer Zusammenhang zwischen der Branche und dem Angebot von Gesundheitschecks. Die Kreuztabelle in Anlage2 zeigt: von allen Befragungsteilnehmern, die sich in die zwei Branchen eingruppieren konnten, sagen 51,1% in der Landwirtschaft und Produktion, dass es kein Gesundheitscheck-Angebot in Ihrem Betrieb gibt. Im Dienstleistungsbereich beschreiben sogar 61,8% diesen Mangel. Dementsprechend bieten 35,7% der Dienstleistungsbetriebe einen Gesundheitscheck an, im Bereich Landwirtschaft und Produktion tun dies hingegen 45,9%.

---

[51] Vgl. Renkewitz, P./Sedlmeier, P.: 2013, S. 289.
[52] Vgl. Eckstein, P.: 2016, S. 72f.

4.3.5 Engagement im betrieblichen Gesundheitsschutz

Die Probanden wurden im Rahmen der Telefonerhebung ebenfalls zu ihrem eigenen Engagement für den betrieblichen Gesundheitsschutz befragt. Sie sollten Angaben dazu machen, inwiefern Sie sich an geltende Sicherheits- und Gesundheitsvorschriften halten, Vorschläge zur Verbesserung von Sicherheit und Gesundheitsschutz einbringen oder aktiv eingreifen, wenn andere Mitarbeiter sich sicherheitswidrig verhalten. Außerdem gaben Sie an inwieweit sie sich mitverantwortlich für die Sicherheit und den Gesundheitsschutz in Ihrem Betrieb fühlen. Antwortmöglichkeiten waren {1, Trifft voll und ganz zu}, {2, Trifft eher zu}, {3, Trifft eher nicht zu} und {4, Trifft überhaupt nicht zu}. Zudem konnten die Probanden zu den jeweiligen Fragen mit {8, Weiß nicht} antworten oder keine Angaben machen {9, Keine Angabe}.

Um abzuleiten wie stark sich die einzelnen Probanden durchschnittlichen für den Gesundheitsschutz engagieren, müssen zunächst die Antworten {8, Weiß nicht} und {9, Keine Angabe} ausgefiltert werden, da andernfalls der Mittelwert verfälscht werden würde. Dafür wurden neue, bereinigte Variablen erzeugt, bei denen obige Antworten 8 und 9 als fehlender Wert transformiert wurden. Anschließend wurde auf Basis dieser vier bereinigter Variablen eine neue Mittelwert-Variable MWA701AbisD erzeugt (Abbildung 13). Diese enthält die durchschnittliche Bereitschaft (1 bis 4) eines jeden Probanden sich im betrieblichen

id	A701AClean	A701BClean	A701CClean	A701DClean	MWA701AbisD
1	1,00	1,00	1,00	1,00	1,00
2	2,00	2,00	2,00	2,00	2,00
3	2,00	2,00	2,00	1,00	1,75
4	1,00	2,00	2,00	2,00	1,75
5	1,00	4,00			2,50
6	1,00	1,00	2,00	2,00	1,50
7	2,00	2,00	2,00	1,00	1,75
8	1,00	1,00	1,00	1,00	1,00
9	1,00	2,00	2,00	2,00	1,75
10	1,00	3,00	1,00	1,00	1,50
11	3,00	2,00	3,00	1,00	2,25
12	2,00	3,00	1,00	1,00	1,75
13	2,00	2,00	2,00	1,00	1,75
14	1,00	2,00	2,00	1,00	1,50
15	2,00	2,00	1,00	1,00	1,50
16	2,00	4,00	3,00	2,00	2,75
17	4,00		4,00		4,00
18	4,00	1,00	1,00	1,00	1,75
19	2,00	4,00	2,00	9,00	2,50
20	2,00	3,00	3,00	2,00	2,50

Abbildung 13: Bereinigte Variablen A701AClean bis A701DClean und daraus erzeugte Mittelwertvariable MWA701AbisD für den jeweiligen Proband (id).

Gesundheitsschutz zu engagieren. 14 Personen haben auf alle vier Fragen mit {8, Weiß nicht} oder {9, Keine Angabe} geantwortet, daher beträgt das N = 5482 Personen (Abbildung 14).

Deskriptive Statistik

	N	Minimum	Maximum	Mittelwert	Standardabweichung
MWA701AbisD	5482	1,00	4,00	1,8144	,59839
Gültige Werte (Listenweise)	5482				

Abbildung 14: Bereinigter Mittelwert Engagement Gesundheitsschutz

Im Anschluss soll nun evaluiert werden, ob es in Abhängigkeit von der Betriebsgröße signifikante Unterschiede hinsichtlich des Engagements im betrieblichen Gesundheitsschutz gibt. Hierzu kommt die Univariate Varianzanalyse zum Einsatz, mit deren Hilfe untersucht werden kann, wie sehr die Mittelwerte verschiedener Variablen variieren.[53] Im Gegensatz zum t-Test kann hier keine scheinbare Signifikanz auftreten, die als zufällige Erscheinung das Ergebnis verfälschen kann.[54] Die H0-Hypothese lautet: Es gibt keinen Zusammenhang zwischen dem Mitarbeiterengagement im betrieblichen Gesundheitsschutz und der Betriebsgröße. Die H1-Hypothese lautet: Es gibt einen Zusammenhang zwischen dem Mitarbeiterengagement im betrieblichen Gesundheitsschutz und der Betriebsgröße. Als Signifikanzniveau wird ein Maß von 5% (=0,05) festgelegt.

Auch hier wurde die Variable Mitarbeiteranzahl bereinigt, sodass diejenigen Probanden unberücksichtigt bleiben, die keine verwertbaren Angaben zur Mitarbeiteranzahl ihres Betriebes gemacht haben (N = 5258).

Es zeigt sich, dass der Mittelwert des Mitarbeiterengagements im Gesundheitsschutz mit zunehmender Betriebsgröße ansteigt. Dies bedeutet, dass die Bereitschaft der Mitarbeiter sich für den betrieblichen Gesundheitsschutz zu engagieren mit zunehmender Betriebsgröße sinkt (Abbildung 15).

Deskriptive Statistiken

Abhängige Variable: MWA701AbisD

Anzahl der Mitarbeiter	Mittelwert	Standardabweichung	N
1-9	1,7318	,63425	840
10-49	1,7772	,59358	1467

---

[53] Vgl. Budischewski, K./Kriens, K.: 2015, S. 115f.
[54] Vgl. Budischewski, K.: 2016, S. 87.

50-249	1,8426	,58038	1431
250 +	1,8600	,58355	1520
Gesamt	1,8117	,59562	5258

Abbildung 15: Mittelwert der Mitarbeiterbereitschaft zum betrieblichen Gesundheitsschutz abhängig von der Betriebsgröße ({1, Trifft voll und ganz zu}, {2, Trifft eher zu}, {3, Trifft eher nicht zu} und {4, Trifft überhaupt nicht zu}).

Das Signifikanzniveau von 5% wird mit einem Wert von 0,000 unterschritten (Abbildung 16). Daraus folgt, dass die H0 verworfen werden muss. Es gilt somit: Es gibt einen statistischen Zusammenhang zwischen dem Mitarbeiterengagement im betrieblichen Gesundheitsschutz und der Betriebsgröße.

Tests der Zwischensubjekteffekte

Abhängige Variable: MWA701AbisD

Quelle	Quadratsumme vom Typ III	df	Mittel der Quadrate	F	Sig.
Korrigiertes Modell	12,010ª	3	4,003	11,351	,000
Konstanter Term	16107,161	1	16107,161	45670,674	,000
A207gr	12,010	3	4,003	11,351	,000
Fehler	1852,984	5254	,353		
Gesamt	19122,792	5258			
Korrigierte Gesamtvariation	1864,994	5257			

a. R-Quadrat = ,006 (korrigiertes R-Quadrat = ,006)
Abbildung 16: Signifikanz der Varianzanalyse zur Bereitschaft der Mitarbeiter zum betrieblichen Gesundheitsschutz abhängig von der Betriebsgröße.

Die Analyse des Datensatzes ZA5634_Arbeit-nehmer_kurz.sav4[55] zeigt, dass die Mehrheit, der zu 55,7% weiblichen und 44,3% männlichen Probanden im Durchschnittsalter von 44,17 Jahren, in sehr großen Unternehmen mit über 250 Mitarbeitern (27,7%) beschäftigt ist. Die meisten (68,89%) dieser Unternehmen sind in der Dienstleistungsbranche anzusiedeln. Es wird deutlich, dass es in deutschen Unternehmen großen Aufholbedarf bei betrieblichen Gesundheitsangeboten gibt, aber immerhin 38,4% der Betriebe bereits einen Gesundheitscheck anbieten. Die Analyse zeigt weiterhin, dass Mitarbeiter sich umso stärker im Gesundheitsschutz engagieren, je kleiner das Unternehmen ist, in dem sie beschäftigt sind. Man könnte vermuten, dass diese Erscheinung mit größerer Sorgfalts- und Rechenschaftspflichten in kleinen Betrieben korreliert. Deutlich wird auch, dass viele Mitarbeiter nicht ausreichend über die Existenz von Gesundheitsförderungsmaßnahmen und betrieblichen Gesundheitsschutz informiert sind. Auch hier besteht Aufholbedarf in deutschen Betrieben. In einer Zeit in der sich das

---

[55] Vgl. Sommer, S./Schmitt, B.: 2012.

Rentenalter durch höhere Lebenserwartung stetig nach hinten verschiebt, müssen sich die Unternehmen zunehmend auf den betrieblichen Gesundheitsschutz fokussieren, um langfristig die Gesundheit ihrer Mitarbeiter und damit ihr tatkräftiges und engagiertes Einbringen in den Betrieb, zu fördern.

5 Anlagen

Anlage 1: Fragebogen Kundenbindung der "Chefkoch-heute"
(Quelle: Eigene Darstellung)

Ihre Meinung ist uns wichtig!

Kundenbindung bei „Chefkoch-heute"

Wissenschaftl. Befragung

M. Walchshäusl
Im Auftrag von G+J Verlag und SRH Riedlingen

Projektleitung: Prof. Dr. Anja Tausch
SRH Riedlingen Mobile University, Lange Str. 19, 68499 Riedlingen; Tel.: 07371 93150

Kundenbindung bei „Chefkoch-heute"

Sehr geehrter „Chefkoch-heute"-Leser,

wir wenden uns an Sie, weil wir bestrebt sind unsere Zeitung nah an Ihren Kundenwünschen zu orientieren und uns stets weiterentwickeln möchten. Dafür benötigen wir heute Ihre Unterstützung!

Das **Ziel** unseres Fragebogens ist es, die Kundenbindung unserer Leser an die „Chefkoch-heute" zu messen. Aus diesen Ergebnissen können wir anschließend Maßnahmen und Verbesserungsvorschläge entwickeln. Dafür befragen wir Sie Themen, die sich auf die Kundenbindung auswirken: z.B. zu Ihren Lesegewohnheiten, Ihrer Zufriedenheit mit der „Chefkoch-heute" und Ihren Abwechslungswünschen. Außerdem bitten wir Sie um die Einschätzung von Kostenaspekten und erfragen Ihre Einstellung zur „Chefkoch-heute".

Unser Fragebogen baut sich aus folgenden Kategorien auf:

Teil A: Persönliche und Allgemeine Angaben
Teil B: Habituelle Mediennutzung
Teil C: Variety Seeking
Teil D: Kundenzufriedenheit
Teil E: Soziale Wechselhemmnisse
Teil F: Ökonomische Wechselhemmnisse
Teil G: Produktfunktionen und -eigenschaften

Um den Fragebogen auszufüllen benötigen Sie **ca. 25 Minuten**. Eine Ausfüllanleitung finden Sie auf der folgenden Seite. Bitte senden Sie den ausgefüllten Fragebogen im beiliegenden, vorfrankierten Rückkuvert bis 15.07.2018 an uns zurück.

Jeder eingesandte Fragebogen nimmt automatisch am **Gewinnspiel** für einen Amazon-Gutschein im Wert von 150€ teil.

Die Umfrageergebnisse und ihre erfassten **Daten** werden streng vertraulich behandelt und nicht an Dritte weitergeleitet.

Die Ergebniszusammenfassung der Befragung wird auf unserer Internetseite in einem abschließenden Bericht publiziert. Gerne senden wir Ihnen unsere Ergebnisse auf Anfrage per Email zu.

Wir bedanken uns recht herzlich für Ihre Mithilfe!

Kundenbindung bei „Chefkoch-heute"

Wir freuen uns über Ihr Feedback zu unserer Zeitung, denn Ihre Meinung ist uns wichtig!

Bei Fragen zum Inhalt der Befragung oder des Forschungsablaufs kontaktieren Sie uns gerne!

Prof. Dr. Anja Tausch

SRH Riedlingen Mobile University
Lange Straße 19
88499 Riedlingen
Tel.: 07371 93150
Anjatausch@mobileuniversity.com

Kundenbindung bei „Chefkoch-heute"

Tipps zum Ausfüllen des Fragebogens

- Bitte nehmen Sie sich Zeit, die folgenden Fragen und Antwortalternativen in Ruhe durchzulesen. Sie finden jeweils eine kurze Erläuterung zu jeder thematischen Kategorie und Hinweise in *kursiv*, wie Sie die Kategorie bearbeiten sollen.

- Bitte achten Sie darauf, die Fragen in der angegebenen Reihenfolge zu bearbeiten.

- Bitte achten Sie darauf, dass Sie alle Fragen beantworten.

- Bei den meisten Fragen werden Sie gebeten, die zutreffende(n) Antwort(en) anzukreuzen. Wenn Sie nur eine Antwort ankreuzen können, werden folgende Zeichen verwendet: ▫
Wenn Sie mehrere Alternativen gleichzeitig wählen können, werden folgende Zeichen verwendet: ○

- Es gibt einige offene Fragen, bei denen Sie freie Antworten formulieren können. Bitte achten Sie auf eine klare und knappe Darstellung Ihrer Meinung und auf ein gut lesbares Schriftbild.

- Bitte achten Sie bei der Beantwortung darauf, dass die Antwortskalen von Frage zu Frage variieren können.

Kundenbindung bei „Chefkoch-heute"

Teil A: Persönliche und Allgemeine Angaben

Bitte kreuzen Sie auf Sie zutreffende Antworten an.

1. Sie sind ...
   - ☐ männlich.
   - ☐ weiblich.

2. Wie alt sind Sie?
   - ☐ bis 18 Jahre
   - ☐ 19 – 29 Jahre
   - ☐ 30 – 40 Jahre
   - ☐ 41 – 50 Jahre
   - ☐ 51 – 60 Jahre
   - ☐ 61 – 70 Jahre
   - ☐ 71 Jahre und älter

3. In welchem Bundesland leben Sie?
   - ☐ Bayern
   - ☐ Sachsen
   - ☐ Berlin
   - ☐ Baden-Württemberg
   - ☐ Brandenburg
   - ☐ Bremen
   - ☐ Hessen
   - ☐ Sachsen-Anhalt
   - ☐ Niedersachsen
   - ☐ Saarland
   - ☐ Hamburg
   - ☐ Mecklenburg-Vorpom.
   - ☐ Thüringen
   - ☐ Schleswig-Holst.
   - ☐ Rheinland-Pfalz
   - ☐ Nordrhein-Westfalen

4. Was ist Ihr höchster Schulabschluss?
   - ☐ Kein Abschluss
   - ☐ Mittelschule
   - ☐ Mittlere Reife
   - ☐ Abitur

5. Zu welcher Berufsgruppe gehören Sie?
   - ☐ Schüler/Student/Auszubildender
   - ☐ Angestellter
   - ☐ Selbständig
   - ☐ Nicht Erwerbstätig
   - ☐ Rentner
   - ☐ Hausfrau/-mann

6. Wieviele Personen leben in Ihrem Haushalt?
   - ☐ 1 Person
   - ☐ 2 Personen
   - ☐ 3 – 4 Personen
   - ☐ 5 und mehr Personen

7. Wie hoch ist Ihr monatliches Haushaltsnettoeinkommen im Durchschnitt?
   - ☐ unter 1.500€
   - ☐ 1.500€ - 3.000€
   - ☐ 3.001€ – 4.500€
   - ☐ 4.5001€ - 6.000€
   - ☐ 6.001€ - 7.500€
   - ☐ über 7.500€

8. Wie beziehen Sie die „Chefkoch-heute"?
   - ☐ Abonnement
   - ☐ Kiosk

S 3

Kundenbindung bei „Chefkoch-heute"

Teil B: Habituelle Mediennutzung

Wir interessieren uns für Ihre alltäglichen Nutzungsgewohnheiten.
Bitte kreuzen Sie auf Sie zutreffende Antworten an.

9. Wie lange lesen Sie bereits „Chefkoch-heute"?
   ☐ 0 – 6 Monate ☐ 7 – 11 Monate ☐ 1 – 3 Jahre ☐ über 4 Jahre

10. Wieviel Zeit nutzen Sie wöchentlich für das Lesen der sonntäglichen „Chefkoch-heute"?
    ☐ bis 20 Minuten ☐ 30 – 45 Minuten ☐ 60 – 90 Minuten ☐ über 90 Minuten

11. Wie sehr haben Sie sich an die „Chefkoch-heute" gewöhnt?

	Stimme voll und ganz zu	Stimme voll zu	Stimme zu	Stimme eher nicht zu	Stimme Nicht zu	Stimme überhaupt nicht zu
a Die „Chefkoch-heute" gehört zu meiner Gewohnheit.						
b Ich würde die Zeitung in meiner Wochenroutine vermissen.						
c Ich bräuchte lange um mich an eine andere Wochenzeitung zu gewöhnen.						
d Ich lese die Zeitung stets zu einer bestimmten Zeit.						

12. Wie nutzen Sie die „Chefkoch-heute"?

	Stimme voll und ganz zu	Stimme voll zu	Stimme zu	Stimme eher nicht zu	Stimme Nicht zu	Stimme überhaupt nicht zu
a Ich lese die „Chefkoch-heute" stets in der gleichen Reihenfolge.						
b Ich lese nur bestimmte Rubriken oder Abschnitte.						
c Manche Teile lese ich gar nicht.						
d Ich lese die Zeitung stets zu einer bestimmten Zeit.						
e Ich lese die Zeitung stets an einem bestimmten Ort.						
f Ich finde in der Zeitung schnell die Informationen die ich benötige.						

Kundenbindung bei „Chefkoch-heute"

Teil C: Variety Seeking

Wir interessieren uns für Ihre Wünsche nach Abwechslung sowie die Nutzung von Konkurrenzzeitungen.
Bitte kreuzen Sie auf Sie zutreffende Antworten an.

13. Inwiefern wünschen Sie sich Abwechslung in der „Chefkoch-heute"?

		Stimme voll und ganz zu	Stimme voll zu	Stimme zu	Stimme eher nicht zu	Stimme Nicht zu	Stimme überhaupt nicht zu
a	Ich fühle mich gelangweilt durch ein Abonnement der „Chefkoch-heute".						
b	Das regelmäßige Lesen der „Chefkoch-heute" empfinde ich als interessant und abwechslungsreich.						
c	Die Inhalte/Informationen empfinde ich als stets frisch und neu.						
e	Ich probiere gerne Neuerscheinungen aus.						

14. Beziehen Sie zusätzlich andere Zeitungen?

   ☐ Nein.
   ☐ Ja, und zwar ....

15. Beziehen Sie zusätzlich ein oder mehrere Probeabonnements?

   ☐ Nein.
   ☐ Ja, und zwar ....

16. Welche anderen Medien nutzen Sie zur Informationsgewinnung?
    (Mehrfachnennung möglich)

   o Radio   o Fernsehen   o Teletext   o Internet
   o Podcasts   o Sonstiges, und zwar ....

Kundenbindung bei „Chefkoch-heute"

Teil C: Kundenzufriedenheit

Wir interessieren uns für Ihre Zufriedenheit mit der „Chefkoch-heute".
Bitte kreuzen Sie auf Sie zutreffende Antworten an.

17. Wie zufrieden sind Sie im Allgemeinen mit der „Chefkoch-heute"?

		Voll und ganz zufrieden	Sehr zufrieden	Zufrieden	Etwas unzufrieden	Unzufrieden	Sehr unzufrieden
a	Mit der Beschaffenheit der Zeitung						
b	Mit der Recherchequalität						
c	Mit der Formatierung und dem Design						
e	Mit der Erscheinungshäufigkeit						
f	Mit der Verfügbarkeit am Kiosk bzw. Verlässlichkeit der Zustellung						
g	Mit unserem Onlineangebot						
h	Mit unserem Kundenservice						

18. Wie zufrieden sind Sie im Speziellen mit der „Chefkoch-heute"?

		Voll und ganz zufrieden	Sehr zufrieden	Zufrieden	Etwas unzufrieden	Unzufrieden	Sehr unzufrieden
a	Mit der Titelseite						
b	Mit den Lokalthemen						
c	Mit den Kochrezepten						
e	Mit der Food- und Ernährungsrubrik						
f	Mit dem Politikressort						
g	Mit dem Wirtschaftsteil						
h	Mit dem Kulturressort						
i	Mit dem Sportteil						
j	Mit den Leserbriefen						
k	Mit den Werbeanzeigen						

S. 6

Kundenbindung bei „Chefkoch-heute"

Teil D: Soziale Wechselhemmnisse

Wir interessieren uns dafür, wie Ihr soziales Umfeld Sie bezüglich eines Zeitungswechsels beeinflusst.
Bitte kreuzen Sie auf Sie zutreffende Antworten an.

19. Welche soziale Bedeutung hat die „Chefkoch-heute" für Sie?

		Stimme voll und ganz zu	Stimme voll zu	Stimme zu	Stimme eher nicht zu	Stimme Nicht zu	Stimme überhaupt nicht zu
a	Die „Chefkoch-heute" verbindet mich mit meiner Region.						
b	Die Zeitung hilft mir Kontakt zur regionalen Gesellschaft zu knüpfen						
c	Die „Chefkoch-heute" ist ein Symbol für meine Region.						
d	Die „Chefkoch-heute" ist eine Tradition in unserer Familie.						
e	Auch meine Freunde lesen die „Chefkoch-heute" regelmäßig.						
f	Ich glaube, es wäre nachteilig für mich wenn ich die Zeitung nicht lesen würde.						
g	Ich habe Angst, dass ich als ungebildet gelte, wenn ich die Zeitung nich lese.						
h	Ich interessiere mich für die Lokalpolitik meiner Region.						
i	Ich engagiere mich in der Lokalpolitik meiner Region						

Teil D: Soziale Wechselhemmnisse

Wir interessieren uns dafür, wie Sie finanzielle Aspekte der „Chefkoch-heute" und eines Wechsels zu einem Konkurrenzprodukt sehen.
Bitte kreuzen Sie auf Sie zutreffende Antworten zu bzw. schreiben Sie freie Antworten nieder.

20. Kommt eine Kündigung Ihres Abonnements bzw. der Kauf einer anderen Zeitung für Sie in Frage, wenn Sie mit „Chefkoch-heute" nicht mehr zufrieden sind?

☐ Nein.   ☐ Ja.

21. Welche Kündigungsgründe fallen Ihnen ein?

Kundenbindung bei „Chefkoch-heute"

- ....
- ....
- ....

22. Wie beurteilen Sie das Preis-Leistungs-Verhältnis der „Chefkoch-heute"?

	Stimme voll und ganz zu	Stimme voll zu	Stimme zu	Stimme eher nicht zu	Stimme Nicht zu	Stimme überhaupt nicht zu
a Der organisatorische Aufwand, der mit einer Abo-Kündigung verbunden ist, ist mir zu hoch.						
b Ein Abonnementwechsel ist mir zu teuer.						
c Der Preis der Zeitung spielt für mich eine untergeordnete Rolle.						
d Ich würde die „Chefkoch-heute" nicht verlassen, nur weil eine andere Zeitung günstiger ist.						
e Das Preis-Leistungsverhältnis der „Chefkoch-heute" empfinde ich positiv.						
f Ich würde mir mehr Treuevorteile durch den regelmäßigen Konsum der Zeitung wünschen.						
g Treuevorteile sind mir wichtig und ich nehme diese regelmäßig wahr.						

23. Wie verhalten Sie sich bei Beschwerden?

	Stimme voll und ganz zu	Stimme voll zu	Stimme zu	Stimme eher nicht zu	Stimme Nicht zu	Stimme überhaupt nicht zu
a Es ist mir wichtig, dass es Kanäle gibt, an die ich mich mit meinen Beschwerden wenden kann.						
b Bevor ich die Zeitung kündigen bzw. zu einem Konkurrenzprodukt wechseln würde, würde ich mich beschweren.						
c Ich kenne alle Beschwerdekanäle der „Chefkoch-heute".						

Kundenbindung bei „Chefkoch-heute"

Teil E: Produktfunktionen und -eigenschaften

Wir interessieren uns dafür, wie Sie die Eigenschaften und Funktionen der „Chefkoch-heute" wahrnehmen.
Bitte kreuzen Sie auf Sie zutreffende Antworten an.

24. Wie beurteilen Sie die Funktionen der „Chefkoch-heute"?

		Stimme voll und ganz zu	Stimme voll zu	Stimme zu	Stimme eher nicht zu	Stimme Nicht zu	Stimme überhaupt nicht zu
a	Die Zeitung informiert mich sehr gut.						
b	Die Zeitung hilft mir, mich zu orientieren.						
c	Die Zeitung sorgt für Entspannung und Unterhaltung.						
d	Die Zeitung hilft mir, mich in meine Umwelt zu integrieren.						
e	Die Zeitung bietet mir Input, durch den ich besser mit meinen Freunden und Bekannten ins Gespräch komme.						
f	Ich empfinde die „Chefkoch-heute" als Markenartikel.						

25. Die „Chefkoch-heute" ist ….

		Stimme voll und ganz zu	Stimme voll zu	Stimme zu	Stimme eher nicht zu	Stimme Nicht zu	Stimme überhaupt nicht zu
a	… übersichtlich.						
b	… praktisch handhabbar.						
c	… ausführlich.						
d	… objektiv und nicht einseitig geprägt.						
e	… verständlich.						
f	… oberflächlich.						
g	… lesernah.						
h	… farbig.						
i	… interessant.						
j	… sachlich.						
k	… modern.						
l	… optimistisch.						
m	… glaubwürdig.						
n	… aktuell.						

Kundenbindung bei „Chefkoch-heute"

Vielen Dank für Ihre Unterstützung!

Haben Sie noch Anmerkungen zum Fragebogen?
Möchten Sie Kritik üben oder Verbesserungsvorschläge anbringen?

Wir würden uns über Ihre Anregungen freuen.

....
....
....
....
....

Danke.

Mit freundlichen Grüßen,

M. Walchshäusl

Anlage 2: Kreuztabelle 2 Branchengruppen x Gesundheitsförderung: Angebot eines Gesundheitschecks
(Quelle: eigene Darstellung mit SPSS)

			Gesundheitsförderung: Angebot eines Gesundheitschecks				
			Ja	Nein	Weiß nicht	Keine Angabe	Gesamt
2 Branchengruppen	nicht eindeutig zuordenbar	Anzahl	96	169	5	4	274
		Erwartete Anzahl	105,1	161,6	6,9	,4	274,0
		% innerhalb von 2 Branchengruppen	35,0%	61,7%	1,8%	1,5%	100,0%
		% innerhalb von Gesundheitsförderung: Angebot eines Gesundheitschecks	4,6%	5,2%	3,6%	50,0%	5,0%
		% der Gesamtzahl	1,7%	3,1%	0,1%	0,1%	5,0%
	Landwirtschaft und Produktion	Anzahl	659	734	42	1	1436
		Erwartete Anzahl	550,8	846,8	36,3	2,1	1436,0
		% innerhalb von 2 Branchengruppen	45,9%	51,1%	2,9%	0,1%	100,0%
		% innerhalb von Gesundheitsförderung: Angebot eines Gesundheitschecks	31,3%	22,6%	30,2%	12,5%	26,1%
		% der Gesamtzahl	12,0%	13,4%	0,8%	0,0%	26,1%
	Dienstleistungen	Anzahl	1353	2338	92	3	3786
		Erwartete Anzahl	1452,1	2232,6	95,8	5,5	3786,0
		% innerhalb von 2 Branchengruppen	35,7%	61,8%	2,4%	0,1%	100,0%
		% innerhalb von Gesundheitsförderung: Angebot eines Gesundheitschecks	64,2%	72,1%	66,2%	37,5%	68,9%
		% der Gesamtzahl	24,6%	42,5%	1,7%	0,1%	68,9%
Gesamt		Anzahl	2108	3241	139	8	5496
		Erwartete Anzahl	2108,0	3241,0	139,0	8,0	5496,0
		% innerhalb von 2 Branchengruppen	38,4%	59,0%	2,5%	0,1%	100,0%
		% innerhalb von Gesundheitsförderung: Angebot eines Gesundheitschecks	100,0%	100,0%	100,0%	100,0%	100,0%
		% der Gesamtzahl	38,4%	59,0%	2,5%	0,1%	100,0%

6 Literatur- und Quellenverzeichnis

Allensbach, I.: Statista - Das Statistik-Portal. Von Anzahl der Online-Käufer in Deutschland, die kostenpflichtige Angebote von Zeitungen und Zeitschriften im Internet nutzen, von 2013 bis 2016 (in Millionen) : https://de.statista.com/statistik/daten/studie/247365/umfrage/nutzung-kostenpflichtiger-printmedien-angebote-ueber-das-internet/. abgerufen am 27.05.2018.

Allensbach, I.: Statista - Das Statistik-Portal. Von Anzahl der Personen in Deutschland mit einer hohen Ausgabebereitschaft für Zeitungen und Zeitschriften von 2013 bis 2017 (in Millionen) : https://de.statista.com/statistik/daten/studie/273262/umfrage/verbraucherverhalten--hohe-ausgabebereitschaft-fuer-zeitungen-zeitschriften/. abgerufen am 27.05.2018.

Atteslander, P.: Methoden der empirischen Sozialforschung. Schmidt. Berlin 2008.

Bortz, J./Döring, N.: Forschungsmethoden und Evaluation für Human- und Sozialwissenschaftler. Springer. Heidelberg 2006.

Datensatz: https://dbk.gesis.org/dbksearch/sdesc2.asp?no=5634&db=e&doi=10.4232/1.11483 abgerufen am 29.05.2018.

Diekmann, A.: Empirische Sozialforschung. Grundlagen, Methoden, Anwendungen. Rowohlt. Reinbek 2001.

Faulbaum, F. et al.: Was ist eine gute Frage? Die systematische Evaluation der Fragenqualität. GWV. Wiesbaden 2009.

Gesis: ZA5634: Betriebs- und Beschäftigtenbefragung 2011 im Rahmen der Dachevaluation der Gemeinsamen Deutschen Arbeitsschutzstrategie (GDA). Von https://dbk.gesis.org/dbksearch/sdesc2.asp?no=5634&search=F%C3%BChrung%20ARbeit%20Betrieb&search2=%20&field=all&field2=&DB=d&tab=0&notabs=&nf=1&af=&ll=10 abgerufen am 29.05.2018

Gruner + Jahr: https://www.guj.de/unternehmen/ abgerufen am 25.05.2018.

Kromrey, H. et al.: Empirische Sozialforschung. Modelle und Methoden der standardisierten Datenerhebung und Datenauswertung mit Annotationen aus qualitativ-interpretativer Perspektive. UVK. München 2016.

ILMES: Messniveau. Von http://wlm.userweb.mwn.de/Ilmes/ilm_m2.htm abgerufen am 27.05.2018.

IVW: Statista - Das Statistik-Portal. Verkaufte Auflage der Publikumszeitschriften in Deutschland in den Jahren 1996 bis 2017 (in Millionen Exemplaren): https://de.statista.com/statistik/daten/studie/37063/umfrage/hoehe-der-auflagen-von-publikumszeitschriften-seit-1996/. abgerufen am 27.05.2018

Kallus, K.: Erstellung von Fragebogen. Facultas. Wien 2008.

Kirchhoff, S. et al.: Der Fragebogen. Datenbasis, Konstruktion und Auswertung. Springer. Wiesbaden 2010.

Klammer, B.: Empirische Sozialforschung. Eine Einführung für Kommunikationswissenschaftler und Journalisten. UVK. Konstanz 2005.

Klöckner, J./Friedrichs, J.:Gesamtgestaltung des Fragebogens. In N. J. Baur, Handbuch Methoden der empirischen Sozialforschung. (S. 675-681). Springer. Wiesbaden 2014.

Kreutz, H./Titscher, S.:Die Konstruktion von Fragebögen. In Kool-wijK/Wieken-Mayer, Techniken der empirischen Sozialforschung (S. 24 - 82). Oldenbourg. 1974.

Kromrey, H.: Empirische Sozialforschung: Modelle und Methoden der standardisierten Datenerhebung und Datenauswertung. Lucius und Lucius. Stuttgart 2006.

Mayer, H.: Interview und schriftliche Befragung. Grundlagen und Methoden empirischer Sozialforschung. Oldenbourg. München 2013.

Meedia.de: Von http://meedia.de/2018/04/24/aus-fuer-foodzeitschrift-deli-gruner-jahr-nimmt-weiteres-magazin-vom-markt-auch-cord-wackelt/ abgerufen 27.05.2018.

Micheel, H.-G.: Quantitative empirische Sozialforschung. Ernst Reinhardt Verlag. München 2010.

Moosbrugger, H./ Kelava, A.: Testtheorie und Fragebogenkonstruktion. Springer. Heidelberg 2008.

Noelle-Neumann, E./ Petersen, T.: Alle, nicht jeder. Einführung in die Methoden der Demoskopie. Rowohlt. München 2000.

Petersen, T.: Der Fragebogen in der Sozialforschung. UVK. Konstanz, München: 2014.

Porst, R.: Fragebogen. Ein Arbeitsbuch. Springer. Wiesbaden 2014.

Reinhardt, R.: Fragebogentechnik. SRH Riedlingen. Riedlingen 2015.

Reinhardt, R.: Grundlagen der empirischen Sozialforschung. SRH Riedlingen. Riedlingen 2015.

Rogall, D.: Kundenbindung als strategisches Ziel des Medienmarketings: Entwicklung eines marketingorientierten Konzeptes zur Steigerung der Leserbindung am Beispiel lokaler/regionaler Abonnementzeitungen. Tectum. Marburg 2000.

Schnell, R. et al.: Methoden der empirischen Sozialforschung. Oldenbourg. München, Wien 1999.

Sommer, S./Schmitt, B.: Betriebs- und Beschäftigtenbefragung 2011 im Rahmen der Dachevaluation der Gemeinsamen Deutschen

Arbeitsschutzstrategie (GDA). 2012: GESIS Datenarchiv. Von https://dbk.gesis.org/dbksearch/sdesc2.asp?no=5634&search=F%C3%BChrung%20ARbeit%20Betrieb&search2=&field=all&field2=&DB=d&tab=0&notabs=&nf=1&af=&ll=10 abgerufen am 29.05.2018.

von Alemann, H.: Der Forschungsprozess. Eine Einführung in die Praxis der empirischen Sozialforschung. Teubner. Stuttgart 1977.

VuMA: Statista - Das Statistik-Portal. . Von Beliebteste Zeitschriftenarten in Deutschland (gelesen in den letzten 3 Monaten) im Jahr 2016.: https://de.statista.com/statistik/daten/studie/637000/umfrage/in-den-letzten-3-monaten-gelesene-zeitschriftenarten/ abgerufen am 27.05.2018.

Walchshäusl, M.: Qualitative Verfahren. Konzeption eines Interviewleitfadens und relevante Gütekriterien zur Beurteilung einer qualitativen Inhaltsanalyse . Grin-Verlag. München 2017.

BEI GRIN MACHT SICH IHR WISSEN BEZAHLT

- Wir veröffentlichen Ihre Hausarbeit, Bachelor- und Masterarbeit

- Ihr eigenes eBook und Buch - weltweit in allen wichtigen Shops

- Verdienen Sie an jedem Verkauf

Jetzt bei www.GRIN.com hochladen und kostenlos publizieren